每年的一月一日是新年。

新年也被称为"元旦"。"元"是开始的意思,"旦"是一天或者早晨的意思,两个字合在一起也就是新年的第一天。

大多数国家或地区都使用阳历作为主要日历，元旦也因此变成了一个全球性的节日。

　　世界各地很多国家都会庆祝新年，在元旦这天放假。

不同国家或地区庆祝元旦的传统有所不同。

通常人们会和家人或者朋在午
夜时一起倒数，庆祝新年的来。

当十二点的钟声敲响时，人们也会放烟花，祝福新的一年有更好的生活和未来。

同时,在一些国家,元旦也是一个合家团圆的日子。

在元旦，人们会和家人团聚，祝福彼此在新的一年事事顺利、健康如意。

Glossary

	Pinyin	English Definition
元旦	yuán dàn	New Year's Day
开始	kāi shǐ	beginning
或者	huò zhě	or
地区	dì qū	district
因此	yīn cǐ	as a result
全球性	quán qiú xìng	worldwide
世界各地	shì jiè gè dì	all over the world
庆祝	qìng zhù	to celebrate
放假	fàng jià	to take a holiday
传统	chuán tǒng	tradition
通常	tōng cháng	usually
午夜	wǔ yè	midnight
倒数	dào shǔ	to count down
敲响	qiāo xiǎng	to sound a bell
烟花	yān huā	fireworks
祝福	zhù fú	to wish
未来	wèi lái	future

Glossary

	Pinyin	English Definition
合家团圆	hé jiā tuán yuán	the whole family to come together
团聚	tuán jù	to get together
彼此	bǐ cǐ	each other
事事顺利	shì shì shùn lì	everything is good
健康如意	jiàn kāng rú yì	healthy and happy

Copyright © 2022 by Level Learning INC.

All rights reserved. No part of this book in whole or part may be reproduced without written permission from the publisher

Author: Jingyao Qi, Level Learning

Simplified Chinese Edition

- This is the last page of this book. -

www.ingramcontent.com/pod-product-compliance
Lightning Source LLC
Chambersburg PA
CBHW041217070526
44583CB00001B/21